BEI GRIN MACHT SICH IHR WISSEN BEZAHLT

Bring Your Own Device. Einsatz und Sicherung sowie Alternativen von BYOD

Nikolas Rittmeier

Bibliografische Information der Deutschen Nationalbibliothek:

Die Deutsche Nationalbibliothek verzeichnet diese Publikation in der Deutschen Nationalbibliografie; detaillierte bibliografische Daten sind im Internet über http://dnb.d-nb.de abrufbar.

ISBN: 9783346517418
Dieses Buch ist auch als E-Book erhältlich.

© GRIN Publishing GmbH
Nymphenburger Straße 86
80636 München

Druck und Bindung: Books on Demand GmbH, Norderstedt Germany
Gedruckt auf säurefreiem Papier aus verantwortungsvollen Quellen

Das vorliegende Werk wurde sorgfältig erarbeitet. Dennoch übernehmen Autoren und Verlag für die Richtigkeit von Angaben, Hinweisen, Links und Ratschlägen sowie eventuelle Druckfehler keine Haftung.

Das Buch bei GRIN: https://www.grin.com/document/1140829

BYOD - Einsatz und Absicherung

Nikolas Rittmeier

Hamburg, den 26. Juli 2020

Inhaltsverzeichnis

I. Abkürzungsverzeichnis

VPN = Advanced persistent threats

BDSG = Bundesdatenschutzgesetz

DGSVO = Datenschutzgrundverordnung

PIN = Persönliche Identifikationsnummer

APP = Applikation

VM = Virtuelle Maschine

MDM = Mobile Device Management

CYOD = Choose Your Own Device

COPE = Corporate Owned Personally Enabled

1 Einleitung

Die Einleitung beinhaltet neben einer kurzen Einführung in die Thematik auch die Motivation und das Ziel dieser Arbeit, um dem Leser einen ersten Eindruck zu geben. Dabei werden Inhalte der Arbeit genannt, die erst im späteren Verlauf ausgearbeitet werden.

Im zweiten Kapitel wird BYOD vorgestellt sowie der Nutzen aufgezeigt. Während zum Ende des Kapitels auf die damit verbundenen rechtlichen Aspekte eingegangen wird.

Die Notwendigkeit zur Absicherung der Endgeräte sowie deren Umsetzung wird im dritten Kapitel erläutert, während abschließend im vierten Kapitel auf alternative Strategien zu BYOD eingegangen wird.

1.1 Motivation

Bei BYOD (Bring Your Own Device) handelt es sich um einen Trend, der im letzten Jahrzehnt aufgekommen ist. Hierbei geht es darum, dass Unternehmen ihren Mitarbeitern erlauben mit ihren privaten Endgeräten für das Unternehmen zu arbeiten. So war das Thema BYOD auf Platz 5 der wichtigsten IT-Trends 2013[1] sowie 2014[2] auf Platz 8 bei der jährlichen Erhebung der Bitkom.

Aufgrund der aktuellen Corona-Pandemie wird Home-Office in vielen Bereichen ermöglicht und zugelassen, in denen dies bisher nicht gestattet war. In diesem Zusammenhang rückt BYOD immer mehr in den Vordergrund. Denn durch die rasante Ausbreitung der Corona-Pandemie mussten Unternehmen schnell Entscheidungen treffen. Es war ihnen oft nicht möglich in der Kürze der Zeit alle Mitarbeiter mit der entsprechenden Hardware wie Laptop oder Smartphone auszustatten, damit diese von zu Hause aus arbeiten können.

Zu dieser Situation kam es auch in meinem Unternehmen. Die Möglichkeit von Home-Office gab es bisher nur vereinzelt für bestimmte Mitarbeiter. Da sie bereits über die entsprechende Hardware verfügten, konnten diese Mitarbeiter sofort ausschließlich von zu Hause aus arbeiten. Zum Schutz und zur Sicherheit für die Mitarbeiter hat das Unternehmen entschieden, diese Möglichkeit auch allen anderen Mitarbeitern zu ermöglichen. Es war jedoch unmöglich in so

---

[1] Bitkom 2013
[2] Bitkom 2014.

4

kurzer Zeit mehrere tausend Laptops zu organisieren und von der IT vorzubereiten. Als Lösung wurde die Möglichkeit geschaffen, von seinem eigenen Laptop oder PC sich per VPN mit dem Rechenzentrum zu verbinden. Da im Unternehmen fast alle Mitarbeiter mit einem Citrix Client auf ihren virtuellen Desktop zugreifen, konnte die gleiche Lösung auch mit dem privaten Endgerät realisiert werden. Zur Authentifizierung wird auf eine Token-Lösung gesetzt. Für den Verbindungsaufbau erhält der Mitarbeiter einen Code auf sein Smartphone.

Das erste Mal begegnete mir BYOD während des Studiums. Ich möchte mich in dieser Hausarbeit intensiver mit BYOD auseinandersetzen, da mich die Umsetzung, mit privaten Endgeräten für das Unternehmen zu arbeiten, vor allem aufgrund der aktuellen Corona-Pandemie sowie der Nutzung von BYOD in meinem Unternehmen sehr interessiert.

1.2 Ziel der Hausarbeit

In der aktuellen Situation ist das Thema BYOD wieder mehr in den Fokus gerückt als Alternative für firmeneigene Geräte. Das Ziel dieser Hausarbeit ist es, die Einsatzmöglichkeiten von BYOD zu beschreiben, auf die Notwendigkeit und Möglichkeiten der Absicherung einzugehen, rechtliche Aspekte und Einschränkungen aufzuzeigen sowie zuletzt mögliche Alternativen zu BYOD vorzustellen.

Diese Hausarbeit verfolgt nicht das Ziel für oder gegen die Einführung von BYOD zu argumentieren. Vielmehr geht es um die objektive Beschreibung der Inhalte der BYOD-Strategie sowie welche Aspekte hierbei zu beachten sind. In dieser Hausarbeit wird auf die wesentlichen Punkte für BYOD eingegangen, um dem Leser einen Überblick über die Thematik zu geben.

2 Grundlagen

Im folgenden Kapitel erfolgt eine Begriffsbestimmung von BYOD, um einen Überblick zur Thematik zu geben. Zudem werden die beteiligten Bereiche der Strategie vorgestellt. Anschließend wird der Nutzen von BYOD für die Arbeitnehmer sowie für das Unternehmen näher betrachtet.

2.1 Was ist BYOD?

BYOD steht für die Strategie private Endgeräte auf ein anderes Netzwerk zugreifen zu lassen. Im Allgemeinen wird darunter verstanden, dass private Endgeräte der Mitarbeiter wie Smartphones, Tablets oder Laptops, die Erlaubnis und Möglichkeit erhalten, sich mit dem Firmennetzwerk zu verbinden, damit diese für betriebliche Zwecke genutzt werden können.[3] Die Strategie beinhaltet aber auch andere Szenarien. Zum Beispiel, dass private Endgeräte von Schülern sich mit dem Schulnetzwerk oder Besucher in einem Museum sich mit dem dortigen Netzwerk verbinden können.[4] In den folgenden Kapiteln wird ausschließlich auf die Nutzung von privaten Endgeräten für betriebliche Zwecke eingegangen.

BYOD als Strategie umfasst nicht nur die technische Umsetzung in der IT-Abteilung, sondern sie geht auch darüber hinaus. So ist das Herzstück die BYOD-Policy. In dieser wird unter anderem festgelegt, wie die Umsetzung der BYOD-Strategie erfolgt, wer alles daran teilnehmen darf und was überhaupt ermöglicht werden soll.[5]

Über die IT-Abteilung hinaus gibt es noch weitere wichtige beteiligte Bereiche.

Ein Bereich stellt die Rechtsabteilung dar. Dieser Fachbereich ist unverzichtbar, da unter anderem der Datenschutz der Unternehmensdaten als auch der privaten Daten des Mitarbeiters zu beachten ist. Für dieses komplexe Thema ist es von Bedeutung, die Experten frühzeitig einzubinden.[6]

---

[3] Vgl.Müller 2018, S. 543.
[4] Vgl.Pöllmann und Herrmann 2019, 195ff.
[5] Vgl.Kohne et al. 2015, S. 16.
[6] Vgl.Kohne et al. 2015, S. 14.

Weiterhin ist der Finanzbereich beteiligt, da die Einführung von BYOD fast immer Investitionen nach sich ziehen.[7]

Darüber hinaus ist der Betriebsrat mit einzubeziehen. Denn die Mitarbeiter stellen ihre privaten Endgeräte dem Unternehmen zur Verfügung, wodurch die Art der Datenverarbeitung betrachtet werden muss. Zudem sind die privaten Daten der Mitarbeiter, die auf dem Endgerät gespeichert sind, zu schützen.[8]

Es ist festzustellen, dass die Einführung von BYOD ein Thema ist, das viele Bereiche quer durch das Unternehmen betrifft. Es ist daher wichtig, diese Bereiche frühzeitig bei der Einführung und auch beim späteren Betrieb einzubinden.[9]

2.2 Nutzen von BYOD

Der Wunsch, mit den privaten Endgeräten auch für das Unternehmen arbeiten zu können, beruht auf der Idee der Arbeitnehmer, nur mit einem Endgerät zu arbeiten. Denn aufgrund der privaten Nutzung des Endgerätes ist der Arbeitnehmer bereits an dieses gewöhnt. Durch das bereits bekannte Handling mit dem Endgerät findet sich der Nutzer schneller zurecht. Da es sich um die eigene Hardware handelt, wird diese in der Regel auch sorgsamer behandelt als vom Unternehmen gestellte Endgeräte.[10]

Des Weiteren entfällt es verschiedene Endgeräte einer Art, wie ein privates und ein dienstliches Smartphone, mitzuführen. Da sowohl private als auch geschäftliche Dinge auf demselben Endgerät verfügbar sind.

Der Arbeitnehmer hat die Möglichkeit, sich sein bevorzugtes Endgerät in Bezug auf die Ausstattung sowie die Software nach seinen Vorlieben selbst auszusuchen. So kann er die Konfiguration auswählen, mit der er am besten zurechtkommt.

---

[7] Vgl.Kohne et al. 2015, S. 15.
[8] Vgl.Kohne et al. 2015, S. 15.
[9] Vgl.Kohne et al. 2015, S. 14.
[10] Vgl.Knoll und Meinhardt 2016, 33f.

Die Firmen versprechen sich dadurch eine Kostenersparnis, da sie die Endgeräte nicht mehr selber anschaffen müssen. Allerdings können durch die Anpassung der eigenen Infrastruktur auf die neuen Bedürfnisse, die durch BYOD entstehen, auch höhere Kosten entstehen.[11]

Indem Unternehmen BYOD anbieten, können diese sich auf dem Arbeitsmarkt von ihren Konkurrenten abheben und somit ihre Arbeitgeberattraktivität steigern.[12] So erlauben bereits 76 % der Unternehmen ihren Angestellten mit privaten Endgeräten zu arbeiten.[13]

3 Rechtliche Aspekte

Bei der Nutzung von BYOD sind einige rechtliche Aspekte zu berücksichtigen. Zu einer der größten Herausforderungen gehört die Trennung von privaten und dienstlichen Daten auf dem jeweiligen Endgerät. Dies hat mehrere Gründe. Unter anderem ist im Bundesdatenschutzgesetz (BDSG) verankert, dass private Daten von Mitarbeitern nicht einfach vom Unternehmen mitverarbeitet werden dürfen. Vielmehr sind diese zu schützen, da sie keine dienstlichen Belange haben und somit keinen Bezug zum Unternehmen darstellen.[14]

Des Weiteren muss auch damit gerechnet werden, dass mobile Endgeräte verloren gehen oder gestohlen werden können. Um zu verhindern, dass Unternehmensdaten in die Hände der Konkurrenz oder an die Öffentlichkeit gelangen sowie zur Gewährleistung des Datenschutzes, wird auf dem Endgerät häufig eine Funktion implementiert, die das Löschen der Daten aus der Ferne ermöglicht. Hierbei ist zu beachten, dass die privaten Daten des Mitarbeiters nicht gelöscht werden. Wenn dies geschieht, könnten Haftungsansprüche des Arbeitnehmers gegenüber dem Arbeitgeber entstehen.[15]

Somit ist es elementar wichtig, die privaten und dienstlichen Daten getrennt zu halten, um eine Vermischung zu verhindern. Dabei kommen oft Container-Apps und Software zum Einsatz. Die Funktionsweise dieser wird im folgenden Kapitel beschrieben.[16]

---

[11] Vgl.Fortmann und Kolocek 2018, S. 334.
[12] Vgl.Kohne et al. 2015, S. 189.
[13] Vgl.Nagel 2018.
[14] Vgl.Kohne et al. 2015, 26ff.
[15] Vgl.Christian K. Bosse und Klaus J. Zink 2019, S. 45.
[16] Vgl.Christian K. Bosse und Klaus J. Zink 2019, S. 45.

Ein weiterer rechtlicher Fallstrick ist der Einsatz von Software beziehungsweise Apps auf den privaten Endgeräten. So werden auf den privaten Endgeräten häufig nur Apps beziehungsweise Software installiert, die auch Lizenzen für den privaten Gebrauch beinhalten. Diese dürfen jedoch nicht für die berufliche Tätigkeit verwendet werden. Denn hierfür sind spezielle Lizenzen durch das Unternehmen zu erwerben und dem Arbeitnehmer bereitzustellen. Für den Fall, dass ein Mitarbeiter eine Software mit lediglich einer privatrechtlichen Lizenz für die Arbeit verwendet, begeht er einen Lizenzverstoß. Sowohl der Mitarbeiter als auch das Unternehmen sind in diesem Fall haftbar. Vom Softwareanbieter können Lizenzgebühren und Schadensersatz eingefordert werden. Daher ist es wichtig, dass Apps beziehungsweise Software, die der Arbeitnehmer sowohl privat als auch dienstlich nutzt, über eine private sowie eine dienstliche Lizenz verfügen.[17] [18]

Neben der Beschreibung der technischen Absicherung, die im folgenden Kapitel erläutert wird, ist es auch wichtig, vertragliche Vereinbarungen zu treffen. Diese können zum Teil über eine Betriebsvereinbarung geregelt werden. Diese sollte beispielsweise Aspekte enthalten, wie mit der Lizenzierungsfrage umgegangen wird, wie die Haftung bei Verlust des Endgerätes erfolgt, ob es eine Herausgabepflicht des Endgerätes des Beschäftigten in bestimmten Situationen gibt sowie ob der Arbeitgeber einen Zuschuss für den Kauf des Endgerätes leistet.[19]

Durch die Einführung der Datenschutzgrundverordnung (DGSVO) gewinnt der Datenschutz für die Unternehmen an noch größerer Bedeutung. So sind die Strafen bei Verstößen erheblich erhöht worden und können Unternehmen empfindlich treffen. Wichtig sind in diesem Zusammenhang technische und organisatorische Maßnahmen zu treffen, um Datenschutzverstöße zu verhindern oder zumindest das Risiko zu minimieren.[20]

4 Notwendigkeit und Möglichkeiten der Absicherung

Die Notwendigkeit der Absicherung von Unternehmensdaten beruht einerseits auf diverse rechtliche Vorgaben als auch auf Unternehmensinteressen. Damit die Mitarbeiter auch unterwegs arbeitsfähig sind, müssen dennoch einige wichtige Unternehmensinterna auch mit den mobilen Endgeräten abrufbar sein.

---

[17] Vgl.Christian K. Bosse und Klaus J. Zink 2019, S. 45.
[18] Vgl.Fortmann und Kolocek 2018, S. 336.
[19] Vgl.Christian K. Bosse und Klaus J. Zink 2019, S. 46.
[20] Vgl.Fortmann und Kolocek 2018, S. 336.

Durch den Verlust oder Diebstahl von mobilen Endgeräten entstehen in diesem Zusammenhang höhere Risiken für die Unternehmen.[21] Aufgrund der Vielzahl von verschiedenen Betriebssystemen, Hardware und Softwareversionen ist es für die IT-Abteilung des Unternehmens schwer Sicherheitsrisiken einzudämmen. Durch die Vielzahl an Kombinationsmöglichkeiten sind einheitliche Sicherungsmaßnahmen kaum möglich.[22]

In den folgenden Abschnitten werden einige Risiken und Ansätze zur Risikominimierung beschrieben.

4.1 Verschlüsselung und Authentifizierung

Grundsätzlich sollten nur notwendige sensible Daten auf dem Endgerät gespeichert werden. So kann das Ausmaß des entstehenden Schadens bei Verlust oder Diebstahl reduziert werden. Ebenso gehört es mittlerweile zum Standard, Daten nur verschlüsselt auf den Endgeräten zu speichern. Im Bereich von Smartphones und Tablets ist eine Verschlüsselung bei den beiden am weitesten verbreiteten Betriebssystemen, Android und iOS, von Haus aus implementiert.[23] Bei Laptops gibt es bereits seit vielen Jahren etablierte Programme für Windows und Mac OS, die die Verschlüsselung der Festplatte sicherstellen.

Hier gibt es unterschiedliche Varianten der Verschlüsselung. Die sicherere Variante ist die der Dateienverschlüsselung (File-based Encryption). Das heißt, es wird jede Datei einzeln verschlüsselt. Nur sofern die Datei gerade genutzt wird, ist diese entschlüsselt. Die restlichen Dateien bleiben verschlüsselt. Dem gegenüber steht die komplette Verschlüsselung aller Daten (Full-Disk Encryption). Hierbei erfolgt die Entschlüsselung sämtlicher Dateien, wenn das System entsperrt ist. Das bedeutet solange das System nicht gesperrt wird, stehen alle Dateien unverschlüsselt zur Verfügung.[24] Die Entschlüsselung erfolgt vom System automatisch sobald die Authentifizierung erfolgt ist.

Daher ist es wichtig einen sicheren Authentisierungsmechanismus vorzugeben. Im Folgenden werden einige Beispiele hierfür vorgestellt:

---

[21] Vgl.Kohne et al. 2015, S. 134.
[22] Vgl.Knoll und Meinhardt 2016, 34f.
[23] Vgl.Mark Zimmermann 2018.
[24] Vgl.Mark Zimmermann 2018.

Passwort: Als Zeichenarten sind Groß- und Kleinbuchstaben, Zahlen und Sonderzeichen möglich. Die Länge des Passwortes sowie das bestimmte Zeichenarten verwendet werden müssen, kann vorgegeben werden.[25]

PIN: Es wird eine Zahlenkombination eingegeben. Die Länge kann vorgegeben werden.[26]

Biometrische Daten: Zur Entsperrung wird das Gesicht oder der Fingerabdruck genutzt.[27]

Da die Eingabe eines Passwortes auf kleineren Bildschirmen umständlicher ist, wird bei Smartphones oder Tablets eher auf die Eingabe eines PIN's oder die Entsperrung mit Hilfe eines biometrischen Merkmals gesetzt.[28]

4.2 Sicherheitsrisiko durch Apps

Für das Unternehmen besteht ein Sicherheitsrisiko durch die auf den privaten Endgeräten installierte Software und Apps. Der Mitarbeiter hat grundsätzlich die Möglichkeit auf seinen eigenen Endgeräten alles zu installieren und die Einstellungen so vorzunehmen wie er möchte. Dementsprechend hat das Unternehmen keine Befugnisse dies zu unterbinden.

Problematisch können Apps auf dem Smartphone sein, die weitreichende Rechte vom Nutzer gestattet bekommen. Durch Zugriffe zum Beispiel auf Kontakte, Anruflisten oder dem Kalender können viele Informationen durch die Apps gesammelt und weitergegeben werden, ohne dass der Nutzer es mitbekommt. Hiervon können auch Unternehmensdaten betroffen sein.

Speziell bei Android gibt ist ein weiteres Problem. Hier ist es möglich Apps zu installieren, die nicht aus dem offiziellen Play Store stammen. Somit ist es einfach die von Google in den Play Store implementierten Sicherungen zu umgehen. Dieser Weg wird gern genutzt, um beliebte Apps, die um Schadcode erweitert wurden, auf die Smartphones zu bekommen.

Um dem entgegen zu wirken, gibt es zum Beispiel in iOS und Android mittlerweile erweiterte Möglichkeiten einzelne Rechte für bestimmte Apps zuzulassen oder auch zu verweigern. So

---

[25] Vgl.Kohne et al. 2015, 136f.
[26] Vgl.Kohne et al. 2015, 136f.
[27] Vgl.Kohne et al. 2015, 136f.
[28] Vgl.Kohne et al. 2015, S. 138.

wird beim ersten Zugriff zum Beispiel auf die Kontakte vom Betriebssystem gefragt, ob diese App wirklich das Recht dafür bekommen soll. Auch ist es möglich nachträglich die Rechte der App wieder zu entziehen.

Ein weiteres Risiko sind Sicherheitslücken in Apps. Der erste Fokus einer App liegt auf der Funktionalität und Features, um sich von den vielen anderen Apps abzuheben. Gerade kleine Anbieter oder Privatleute, die Apps zur Verfügung stellen, haben nicht unbedingt die Ressourcen, um alle Schwachstellen in ihrer App zu erkennen und zu beseitigen.

Um das Risiko für das Unternehmen zu minimieren, wird empfohlen die Mitarbeiter auf diese Bedrohungen aufmerksam zu machen.

Des Weiteren hat es sich etabliert mit Containerlösungen zu arbeiten. Sodass die Unternehmensdaten in einem eigenen Bereich ausgeführt werden, ohne sich mit dem privaten Bereich des Mitarbeiters zu vermischen. Hierauf wird in einem späteren Kapitel genauer eingegangen.[29]

4.3 Einsatz von VM

Ein Problem ist die Absicherung, der auf dem Endgerät gespeicherten Daten. Eine Möglichkeit um dieses Risiko zu minimieren, ist keine oder kaum Unternehmensdaten auf dem Laptop oder Smartphone zu speichern.

Die Umsetzung kann mit Hilfe von virtuellen Maschinen (VM) erfolgen. Hierbei greift der Mitarbeiter mittels verschlüsselter Verbindung auf die Server im Rechenzentrum zu. Dort wird sein Desktop virtualisiert und nur das Bildsignal an das Endgerät gesendet. In die Gegenrichtung werden die Eingabesignale von Tastatur, Maus oder Touchpad geschickt. Sämtliche Unternehmensdaten werden im Rechenzentrum der Firma verarbeitet und unterliegen den dortigen Absicherungen.[30]

Ein Vorteil mit VM's zu arbeiten ist, dass die Hardware des Mitarbeiters nicht immer auf den aktuellsten Stand sein muss. Da nur das Bild ausgegeben wird und die Eingabesignale an das Rechenzentrum gesendet werden, sind die Anforderungen an die Hardware vergleichsweise

---

[29] Vgl.Kohne et al. 2015, 143f.
[30] Vgl.Kohne et al. 2015, S. 113.

gering.[31] Des Weiteren steht dem Mitarbeiter immer die gleiche gewohnte Umgebung zur Verfügung inklusive dem aktuellsten Datenstand, egal mit welchem Gerät gerade zugegriffen wird.

Ein großer Nachteil liegt in der permanent nötigen Datenverbindung. Sobald diese unterbrochen wird, hat der Mitarbeiter keinen Zugriff mehr.[32]

4.4 Containerlösungen und MDM

Um die Probleme mit einer dauerhaft nötigen Datenverbindung zu umgehen, müssen Unternehmensdaten auf dem Endgerät des Mitarbeiters gespeichert werden. Um die Daten möglichst gut abzusichern, hat sich die sogenannte Containerlösung etabliert.

Dazu werden die Unternehmens- und die Privatanwendungen jeweils in einer separaten Arbeitsumgebung ausgeführt. Es ist auch möglich jede Anwendung in einem eigenen Container auszuführen. Durch diese Abschottung und der Unterbindung von einem Datenaustausch zwischen den Containern ist eine strikte Trennung der Daten und Anwendungen möglich, ohne dass sich diese vermischen.[33]

Ferner besteht die Möglichkeit einzelne Container speziell zu sichern. Dieses ist durch eine zusätzliche Authentifizierung vor der Verwendung oder durch eine zusätzliche Datenverschlüsselung möglich.[34]

Diese und weitere Funktionen werden häufig in einem Mobile Device Management (MDM) zusammengefasst und als Komplettpaket durch diverse Anbieter angeboten.

Häufig ist die Funktion zur Fernlöschung der Daten implementiert. Sodass bei einem Verlust des Endgerätes auch nachträglich die Daten gelöscht werden können. Um Probleme mit dem Datenschutz zu umgehen, ist es möglich nur die Daten aus den geschäftlichen Containern zu löschen. Die privaten Daten bleiben dabei unberührt.[35] [36]

---

[31] Vgl.Kohne et al. 2015, S. 114.
[32] Vgl.Kohne et al. 2015, S. 113.
[33] Vgl.Walter 2014, S. 90.
[34] Vgl.Kohne et al. 2015, S. 84.
[35] Vgl.Kohne et al. 2015, S. 82.
[36] Vgl.Fortmann und Kolocek 2018, S. 335.

Auch die automatische Datensicherung, der auf dem Endgerät liegenden Daten, kann durch das MDM sichergestellt werden.[37] Des Weiteren kann durch eine Black List vor der Installation von bestimmten Apps gewarnt werden. In dieser Liste sind Anwendungen enthalten, die das Unternehmen verboten hat zu nutzen. Gründe hierfür können sein, dass diese Anwendungen bekannte Sicherheitsprobleme haben oder bekannt dafür sind, Daten auszuspionieren und weiterzusenden.[38]

Ebenso besteht durch MDM für das Unternehmen die Möglichkeit der Fernwartung. So ist es zum Beispiel möglich, die Black List, der nicht zu installierenden Apps, zu aktualisieren oder Updates für die geschäftliche Software vorzunehmen. Es kann auch überprüft werden, welche Version des Betriebssystem installiert ist und ob Sicherheitsupdates installiert wurden.[39]

Wenn Verstöße festgestellt werden, kann das MDM den Zugriff auf die Unternehmensdaten unterbinden.[40]

Zusätzlich zu den technischen Möglichkeiten wird auch empfohlen, schriftliche Vereinbarungen zwischen dem Mitarbeiter und dem Unternehmen zu treffen. In diesem Vertrag sollte unter anderem geregelt werden, wie die Haftung gestaltet ist, ob eine Herausgabepflicht des Endgerätes des Mitarbeiters in bestimmten Situationen besteht oder es einen Aufwendungsersatz des Arbeitgebers für die Nutzung des privaten Endgerätes gibt.[41]

5 Alternativen zu BYOD

Eine Herausforderung bei BYOD ist natürlich die Absicherung und der Support des Gerätes. Besonders da viele unterschiedliche Modelle einschließlich verschiedener Betriebssysteme und zusätzlich verschiedenen Softwareversionen im Einsatz sind, ist dies eine große Herausforderung für die IT-Abteilung des Unternehmens.[42] Im Folgenden werden beispielhaft drei mögliche Alternativen vorgestellt.

---

[37] Vgl.Fortmann und Kolocek 2018, S. 335.
[38] Vgl.Kohne et al. 2015, S. 95.
[39] Vgl.Christian K. Bosse und Klaus J. Zink 2019, S. 45.
[40] Vgl.Kohne et al. 2015, S. 95.
[41] Vgl.Christian K. Bosse und Klaus J. Zink 2019, S. 46.
[42] Vgl.Kohne et al. 2015, S. 207.

5.1 CYOD

Im Gegensatz zu BYOD werden bei CYOD (Choose Your Own Device) die Endgeräte durch das Unternehmen gekauft und bereitgestellt. Es werden verschiedene Geräte in den einzelnen Kategorien angeboten. Somit hat der Mitarbeiter die Möglichkeit zum Beispiel aus einem Katalog von verschiedenen Smartphones, das Endgerät auszuwählen, das ihm am meisten zusagt. Gleichzeitig hat das Unternehmen die Möglichkeit Kostenvorteile zu realisieren. Dadurch, dass die Anzahl der verschiedenen Endgeräte begrenzt ist, können mit dem Händler oder Hersteller gegebenenfalls bessere Konditionen ausgehandelt werden.

Da die Auswahl an verschiedenen Endgeräten begrenzt und der IT bekannt ist, ist es bei dieser Strategie einfacher die Unternehmensinfrastruktur abzusichern. Dem Mitarbeiter werden die Endgeräte so bereitgestellt, dass dieser sofort damit arbeiten kann. Sämtliche Einstellungen im Betriebssystem sowie die für die Arbeit benötigte Software sind bereits installiert. Bei sämtlichen Fragen oder Problemen kann der Mitarbeiter sich an dem, vom Unternehmen gestellten, Support wenden.

Grundsätzlich steht es dem Unternehmen frei die private Nutzung der Endgeräte zu erlauben oder zu verbieten.

So gibt es bei CYOD auch Modelle, bei denen die Mitarbeiter die Möglichkeit haben sich zum Beispiel höherwertige Smartphones auszusuchen als das Unternehmen eigentlich bereitstellt. Hierzu werden die Geräte in verschiedene Kategorien eingeteilt und der Mitarbeiter kann sich durch eine Zuzahlung ein aktuelles Premiummodell aussuchen. So werden die Kosten zwischen dem Unternehmen und dem Mitarbeiter geteilt. Der Mitarbeiter erhält sein Wunschgerät, ohne dafür den vollen Kaufpreis zahlen zu müssen.[43] [44] [45]

5.2 COPE

Die COPE Strategie (Corporate Owned Personally Enabled) ähnelt der von CYOD. Auch hier können sich die Mitarbeiter aus einem zusammengestellten Katalog ihr Wunschgerät aussuchen, das vom Unternehmen bereitgestellt wird.

---

[43] Vgl.Knoll und Meinhardt 2016, S. 31.
[44] Vgl.Kohne et al. 2015, S. 207.
[45] Vgl.Dzulko 2018.

Es ergeben sich die gleichen Vorteile in Bezug auf die Datensicherheit, da auch bei dieser Strategie die Möglichkeit der verschiedenen Endgeräte eingeschränkt ist.

Die Mitarbeiter erhalten die Endgeräte bereits vorkonfiguriert. Sämtliche Software, die für die Arbeit notwendig ist, wurde bereits installiert und die vorgeschriebenen Einstellungen im Betriebssystem vorgenommen. Bei dieser Strategie ist eine private Nutzung immer vorgesehen. Deshalb bestehen, im Gegensatz zu CYOD, mehr Möglichkeiten sich das Gerät nach den eigenen Bedürfnissen anzupassen. Somit kann der Mitarbeiter auch eigene Software installieren, die er privat verwendet. Hierbei ist es wichtig, dass das Unternehmen vorgibt aus welchen Quellen etwas installiert werden darf oder ob bestimmte Software verboten wird.

Ein weiterer Unterschied zu CYOD besteht darin, dass kein voller Support durch die IT-Abteilung des Unternehmens für das Endgerät vorgehalten wird. Bei Fragen oder Problemen, die nicht die vom Unternehmen bereitgestellte Software betreffen, muss der Mitarbeiter diese selbst klären und sich um Lösungen bemühen.[46]

5.3 Take this Device

Bei Take this Device handelt es sich um die klassische Bereitstellung des Endgerätes durch das Unternehmen. Es wird ein einheitliches Gerät für alle Mitarbeiter gestellt. Eine Auswahl aus einem Pool von Smartphones oder Laptops besteht nicht. Auch erhalten private Endgeräte keinen Zugang zu der Unternehmensinfrastruktur. Eine private Nutzung des Gerätes ist abhängig von der Erlaubnis des Unternehmens.

Der Vorteil für den Mitarbeiter ist, dass er die Endgeräte bereits konfiguriert und eingestellt durch die IT-Abteilung erhält. Ebenso wird ihm ein Support durch die IT-Abteilung angeboten, an die er sich bei Fragen und Problemen wenden kann.

Diese Art der Bereitstellung von mobilen Endgeräten für die Mitarbeiter ist für das Unternehmen mit die sicherste Variante. Die Endgeräte sind Eigentum des Unternehmens, sodass der

---

[46] Vgl.Kohne et al. 2015, S. 207.

Mitarbeiter dem Unternehmen einen Zugriff ermöglichen muss. Durch die geringe beziehungsweise keine Variation von Endgeräten und Software ist es einfacher für die IT das Sicherheitsniveau hoch zu halten.[47]

6 Fazit

Eines der dafür sprechenden Argumente, die oft im Zusammenhang mit BYOD genannt werden, ist die Kostenersparnis für die Unternehmen. Auf den ersten Blick entstehen Einsparungen für das Unternehmen, dadurch dass keine Endgeräte für die Mitarbeiter angeschafft werden müssen, sondern der Mitarbeiter seine eigenen Endgeräte für die Arbeit nutzt. Dem gegenüber stehen Kosten für einen eventuell erweiterten Support sowie eventuell anfallende Investitionen in die Infrastruktur. Daher kann eine pauschale Aussage, dass Kosten eingespart werden, nicht getroffen werden. Vielmehr muss das Unternehmen die Kosten genau kalkulieren.

Ein Faktor, der monetär nicht greifbar ist, ist die Möglichkeit, dass sich die Arbeitgeberattraktivität durch BYOD sowohl für die bereits bestehenden als auch für potentiell neue Mitarbeiter gegenüber den Mitbewerbern auf dem Arbeitsmarkt erhöhen kann.

Ein wichtiger Aspekt für das Unternehmen ist die Wahrung des Datenschutzes. Es sollen keine internen Daten nach außen gelangen sowie die gesetzlichen Vorgaben erfüllt werden. Die Sicherstellung des Datenschutzes bei BYOD ist eine größere Herausforderung. Durch die verschiedenen Endgeräte einschließlich unterschiedlicher Software und Betriebssystemen steigt der Aufwand in der IT-Abteilung ein hohes Sicherheitsniveau weiterhin aufrecht zu erhalten. Als Unterstützung haben sich dafür MDM Apps beziehungsweise Software etabliert. Diese Programme bieten einige Sicherheitskomponenten als Paket an. Dazu gehören die Möglichkeit Unternehmens- und Privatdaten durch die Ausführung in verschiedenen Container zu trennen. Somit werden auch Probleme bei der Fernlöschung der Daten umgangen, da es möglich ist nur Unternehmensdaten zu löschen, ohne das private Daten betroffen sind. Dies kann beim Verlust oder Diebstahl des Endgerätes von Bedeutung sein. Eine weitere Funktion ist die Möglichkeit der Fernwartung. So können die dienstlichen Programme aktualisiert werden. Auch eine automatische Prüfung, ob Sicherheitsupdates für das Betriebssystem installiert werden, ist möglich.

---

[47] Vgl.Knoll und Meinhardt 2016, S. 31.

Trotz dieser aufwendigen technischen Möglichkeiten zur Risikominimierung ist das Sicherheitsniveau nicht auf dem gleichen Level wie bei der klassischen Bereitstellung von Endgeräten durch das Unternehmen.

Alternativen wie CYOD versuchen durch einen Mix von BYOD und Take this device ein höheres Sicherheitslevel zu bieten und gleichzeitig den Mitarbeiter auch entgegen zu kommen, indem eine Auswahl an Endgeräten vorgehalten wird.

Ob ein Unternehmen eine solche Strategie in Betracht zieht und welche Strategie die optimale Lösung für das Unternehmen darstellt, benötigt eine genaue Auseinandersetzung mit den verschiedenen Aspekten der einzelnen Strategien. Für die Entscheidungsfindung empfiehlt es sich zudem die verschiedenen betroffenen Bereiche mit einzubinden.

7 Literaturverzeichnis

Bitkom (Hg.) (2013): ITK-Branche - Die wichtigsten Trends Deutschland 2013 | Statista. Online verfügbar unter https://de.statista.com/statistik/daten/studie/250163/umfrage/die-wichtigsten-trends-in-der-itk-branche/, zuletzt geprüft am 22.07.2020.

Bitkom (Hg.) (2014): ITK-Branche - Die wichtigsten Trends Deutschland 2014 | Statista. Online verfügbar unter https://de.statista.com/statistik/daten/studie/289267/umfrage/die-wichtigsten-trends-in-der-itk-branche/, zuletzt geprüft am 22.07.2020.

Christian K. Bosse; Klaus J. Zink (2019): Arbeit 4.0 im Mittelstand : Chancen und Herausforderungen des digitalen Wandels für KMU. Berlin, Heidelberg: Springer Gabler (1. Aufl. 2019).

Dzulko, Jan (2018): CYOD: Firmensmartphones mit „Choose Your Own Device" ausrollen. Online verfügbar unter https://blog.everphone.de/choose-your-own-device-cyod, zuletzt geprüft am 19.07.2020.

Fortmann, Harald R.; Kolocek, Barbara (2018): Arbeitswelt der Zukunft : Trends – Arbeitsraum – Menschen – Kompetenzen. [Wiesbaden, Germany]: Springer Gabler.

Knoll, Matthias; Meinhardt, Stefan (2016): Mobile Computing : Grundlagen – Prozesse und Plattformen – Branchen und Anwendungsszenarien. Fachmedien: Springer Vieweg (Edition HMD).

Kohne, Andreas; Ringleb, Sonja; Yücel, Cengizhan (2015): Bring your own Device : Einsatz von privaten Endgeräten im beruflichen Umfeld – Chancen, Risiken und Möglichkeiten. Fachmedien, [Germany]: Springer Vieweg.

Mark Zimmermann, Sebastian Günther (2018): Fest verschlossen. In: *Heise*, 27.06.2018. Online verfügbar unter https://www.heise.de/select/ix/2018/7/1530931867413590, zuletzt geprüft am 18.07.2020.

Müller, Klaus-Rainer (2018): IT-Sicherheit mit System : Integratives IT-Sicherheits-, Kontinuitäts- und Risikomanagement – Sichere Anwendungen – Standards und Practices. Wiesbaden: Springer Vieweg (6. Auflage).

Nagel, Robert (2018): Neue Umfrage zu BYOD („Bring Your Own Device") 2018. Online verfügbar unter https://blog.everphone.de/byod-umfrage-2018, zuletzt geprüft am 26.07.2020.

Pöllmann, Lorenz; Herrmann, Clara (2019): Der digitale Kulturbetrieb : Strategien, Handlungsfelder und Best Practices des digitalen Kulturmanagements. Wiesbaden, Germany: Springer Gabler.

Walter, Thorsten (2014): Bring your own Device – Ein Praxisratgeber. In: *HMD Praxis der Wirtschaftsinformatik* 51 (1), S. 84.

BEI GRIN MACHT SICH IHR WISSEN BEZAHLT

- Wir veröffentlichen Ihre Hausarbeit,
  Bachelor- und Masterarbeit

- Ihr eigenes eBook und Buch -
  weltweit in allen wichtigen Shops

- Verdienen Sie an jedem Verkauf

Jetzt bei www.GRIN.com hochladen
und kostenlos publizieren